DE LA

NOBLESSE FRANÇAISE

EN 1861

PARIS. — IMPRIMERIE DE CH. LAHURE ET Cie

Rues de Fleurus, 9, et de l'Ouest, 21

DE LA

NOBLESSE FRANÇAISE

EN 1861

PAR

UN MAIRE DE VILLAGE

PARIS

IMPRIMERIE DE CH. LAHURE ET Cie

Rues de Fleurus, 9, et de l'Ouest, 21.

1861

DE LA

NOBLESSE FRANÇAISE

EN 1861.

I

Dira-t-on aujourd'hui *Monsieur l'Écuyer*, *Madame l'Écuyère*, *Monsieur le Chevalier*, *Madame la Chevalière?*

Combien de nobles en France, et c'est le plus grand nombre, ne peuvent cependant aujourd'hui prendre d'autres titres pour se faire annoncer dans le monde, à côté des hommes portant loyalement les titres de Duc, Marquis, Comte, Vicomte et Baron, et pour se couvrir en même temps de ridicule.

Un bon gentilhomme, souvent beaucoup plus noble, beaucoup plus ancien que tel Duc, Marquis, Comte, Vicomte et Baron, ne peut légalement prendre d'autres qualifications.

Peu de familles, avant 1789, possédaient des
terres titrées, érigées pour elles et sous leur nom
en titre de dignité [1].

La fortune seule permettait de posséder en
France une terre titrée; or, en France, la noblesse était pauvre et principalement la plus
ancienne; elle négligeait l'administration de ses
terres, dépensait ses revenus pour se soutenir
à l'armée, entamait souvent son capital et se
ruinait.

Pour fonder un Marquisat, un Comté, une
Baronnie, on exigeait un nombre déterminé de
fiefs et de clochers, suivant l'importance des
titres; on payait en outre des frais considéra-
bles de chancellerie, et de plus, sans crédit on
n'obtenait pas une telle faveur.

Aussi beaucoup de nobles, n'ayant ni fiefs ni
clochers, avaient-ils pris *sans façon* et sans autorisation du Roi les titres de Marquis, de Comte,
de Vicomte et de Baron.

On s'arrêtait tout court devant le titre de Duc
et on le respectait.

Les plus hardis furent, comme presque toujours en toutes choses, les mieux inspirés; car,

---

1. Voir le catalogue qui en a été dressé dans les *Annuaires*
de M. Borel d'Hauterive, années 1857 et 1858.

aujourd'hui, si une famille prouve qu'avant 1789 elle a pris dans des actes authentiques, et principalement dans les actes de l'état civil, l'un de ces titres, et si elle peut y ajouter la preuve qu'elle a été convoquée avec ce titre pour la nomination des députés de la noblesse aux états généraux de 1789, il paraît qu'on ne lui conteste pas le droit de le conserver et de s'en prévaloir.

Il devenait en effet nécessaire de poser des limites aux recherches, et pouvait-on prendre un point de départ plus saillant que le jour de la destruction de la noblesse par l'assemblée constituante en 1790?

Cette assemblée, débordée alors par les principes démocratiques, se trouvait déjà bien loin de la fameuse nuit du 4 août 1789, dans laquelle elle n'avait détruit que les priviléges et les exemptions de la noblesse, respectant encore les titres.

Nous venons de dire que beaucoup de nobles avaient d'eux-mêmes usurpé des titres sans l'autorisation de la couronne. Cela paraissait extraordinaire dans les premiers moments; quand la famille était ancienne, on pardonnait facilement l'usurpation, on se contentait de rire et de se moquer des autres, surtout dans les provinces, où l'on se connaît parfaitement et où il n'est pas facile d'en imposer. Ce premier moment passé, le public finissait par s'accoutumer à l'usurpation.

On employait un autre moyen pour prendre des titres ; on écrivait au Roi pour lui demander une faveur ou pour l'en remercier, on signait la lettre le Marquis de..., le Comte de.... Un simple secrétaire du cabinet, sans aucune mission pour conférer des titres, répondait à la lettre en l'adressant à Monsieur le Marquis de..., à Monsieur le Comte de.... On se disait alors autorisé par le Roi. Quand la lettre était écrite de la main du Roi lui-même, et que ce titre se trouvait dans la lettre, on avait alors de plus justes motifs de se croire autorisé. Ce titre ne pouvait cependant être considéré que comme personnel, mais on le faisait héréditaire.

Tout cela, on le voit, n'était qu'une surprise et une fraude.

Les Parlements ne reconnaissaient pas ces titres ; ils tonnaient contre, les biffaient impitoyablement et d'office dans les procédures, et se gardaient bien d'allouer dans les taxes des témoins qui figuraient soit dans les enquêtes civiles, soit dans les enquêtes criminelles, les sommes plus ou moins élevées attribuées aux nobles *pour leur comparence*, suivant l'importance de leur titre.

Les usurpations, quoique nombreuses, ne faisaient cependant qu'exception en comparaison de toute la noblesse du royaume.

Et encore en ce moment, malgré le gaspillage

des titres pendant la Restauration et sous le règne
de Louis-Philippe, le plus grand nombre des
nobles de l'ancien régime, nous l'avons déjà dit,
ne peut prendre que les titres d'*Écuyer ou de
Chevalier*.

II

Le seul titre de noblesse, dans les temps anciens et jusqu'à la fin du dix-septième siècle,
était celui d'Écuyer. (*Appendice* A.)

Malgré la résistance des parlements, le titre de
Chevalier avait fini par ne plus être contesté
aux nobles qui comptaient quatre degrés de noblesse; ils se qualifiaient en même temps de
Hauts et Puissants Seigneurs, principalement s'ils
possédaient de grandes seigneuries.

Aujourd'hui, en France, les familles qui ne
portaient que le titre d'Écuyer en 1789, se trou-
vent placées dans une position plus fâcheuse
qu'avant la Révolution. Les degrés qu'elles ont
parcourus (et l'on peut sans crainte de se trom-
per les porter à trois), ne leur servent plus à
rien pour prendre le titre de *Chevalier*.

Et l'on dira éternellement aussi bien aux

Écuyers qu'aux Chevaliers : Votre père, votre grand-père ne prenaient que le titre d'Écuyer ou de Chevalier; conservez ces titres, sinon on vous considérera comme usurpateurs.

La possession des Seigneuries, les priviléges qui y étaient attachés, l'exemption de la Taille, de la Gabelle, de la Milice, les honneurs dans les églises, les premières places dans les assemblées des villages, l'avancement presque assuré dans toutes les carrières, l'entrée dans les chapitres nobles, dans l'ordre de Malte, etc., etc., établissaient une distinction dont l'amour-propre pouvait se contenter; nous avons vu pourtant combien autrefois la noblesse avait hâte de sortir d'une telle position en se faisant donner légalement ou en usurpant un titre pouvant se porter décemment dans la société. Maintenant, que reste-t-il à la noblesse non titrée ? Rien.

Les priviléges ont disparu pour toujours, et tandis qu'auprès d'eux des nobles plus audacieux, sans droit aucun, leurs semblables en tout et souvent bien inférieurs en ancienneté, ont pris de leur autorité privée les titres de Marquis, de Comte, de Vicomte et de Baron, voilà des familles très-respectables, très-modestes, déshéritées, pour ainsi dire, et réduites à renoncer à des titres ridicules, que plus tard même elles négligeront de prendre dans leurs actes.

III

Il nous semble qu'il y aurait quelque chose à faire pour l'ancienne noblesse qui n'a pas usurpé de titres et qui, sous ce rapport, nous paraît plus digne d'intérêt et de protection que des usurpateurs heureux. On pourrait accorder des titres de *Baron* ou de *Vicomte* à ceux qui portaient légalement le titre d'Écuyer et de Chevalier avant la destruction de la noblesse, en 1790.

La concession de l'un de ces titres serait faite sur la demande des gentilshommes ; avant que d'accorder le titre, on examinerait avec soin l'honorabilité des familles, leur position dans la société. Il serait juste de ne leur faire payer qu'un simple droit de sceau.

Un registre bien tenu en Chancellerie et ainsi à la disposition de la commission du sceau, constaterait l'investiture ; extrait de ce registre serait remis au nouveau titulaire.

Il ne resterait plus en dehors de ce cadre que des familles d'une minime importance qui, plus tard, dans le cas d'une meilleure fortune, pourraient aussi se présenter et obtenir la même faveur.

On dira peut-être que de *Barons*, que de *Vicomtes* vont poindre tout à coup?

Hélas, on sait avec quelle rapidité s'éteignent les familles nobles. Si l'on consulte la célèbre maintenue de toute la noblesse de France faite sous Louis XIV en 1666, combien reste-t-il aujourd'hui, après deux cents ans, des familles inscrites dans ce catalogue?

Regardons autour de nous, examinons parmi nos parents et nos amis, combien de familles nobles sont sur le point de s'éteindre; le nombre en est véritablement effrayant. Combien en avons-nous vu disparaître depuis un demi-siècle!

Si cette idée était adoptée, il faudrait maintenir les titres de tous les bons nobles avant 1790, et consacrer aussi définitivement les titres de ceux qui en ont pris sans droit sous la Restauration et sous le règne de Louis-Philippe.

IV

Quelle règle serait observée pour la transmission des titres dans chaque famille? C'est une question grave, embarrassante, et qui mérite sérieuse réflexion.

On ne peut se dissimuler qu'il existe sur ce point une grande confusion, et qu'il conviendrait d'établir des règles invariables en cette matière, dont il ne serait pas permis de s'écarter.

Pourquoi les membres d'une même famille ne porteraient-ils pas le même titre, en distinguant (sauf le chef de la branche aînée, qui ne serait pas assujetti à prendre son nom de baptême) chaque individu par son nom patronymique : le Marquis *Charles*, le Marquis *François,* le Comte *Henri*, le Comte *Louis*, le Comte *Charles?* On pourrait alors dire de chaque famille noble, c'est une famille de Princes, de Ducs, de Marquis, de Comtes....

Il y aurait aussi *autonomie*, pour me servir d'une expression très à la mode depuis quelque temps, dans les titres d'une même famille; cette communauté-d'un même titre pourrait contribuer puissamment à leur union.

Tous les membres des familles Princières d'Allemagne portent le titre de Prince : on dit le Prince *Charles*, le Prince *Ernest*.

En France, les rejetons des plus grandes maisons portent souvent le même titre et ne se distinguent que par leur nom de baptême. On en voit de nombreux exemples dans les maisons de La Rochefoucauld, de Choiseul, de Croy, de Montesquiou, de Broglie; en résulte-t-il des inconvénients? Nous ne le croyons pas.

V

Votre père a été secrétaire du Roi, maison et couronne de France, et de ses finances; il avait exercé cette charge pendant plus de vingt années. Je vais vous apprendre une bonne nouvelle. On doit vous considérer comme *ayant quatre dégrés de noblesse.* Vous paraissez surpris, car votre grand-père était marchand de drap dans la rue Saint-Denis. Nos rois, dans de nombreux édits, ont comblé de faveurs les secrétaires du Roi;

leurs priviléges étaient si importants, que de grands personnages achetaient souvent de telles charges.

Vous êtes Gentilhomme de par la loi; seulement gardez cela pour vous, et surtout n'en parlez à personne.

Vous justifiez que votre grand-père a obtenu des lettres de noblesse enregistrées au Parlement et à la Chambre des Comptes; la barrière est ouverte, passez.

Votre père, votre grand-père, dévoués à la monarchie, ont péri sur l'échafaud révolutionnaire comme *ci-devant nobles*, ils ont mêlé leur sang avec celui de la plus haute noblesse. Voilà des lettres de noblesse *enregistrées sur l'échafaud*.

Il y a cent ans que l'on prend dans votre famille les titres de Messire, d'Écuyer et même de Chevalier. Vos parchemins ne sont pas piqués des vers, convenez-en; cependant vous êtes noble, on ne vous chicanera pas.

Devenue très-pauvre, votre famille, noble anciennement, s'est livrée au commerce en grand pour sortir de cette triste position, et elle y est parvenue.

Vous n'avez pas dérogé, les édits ont permis le commerce en grand.

Si vous êtes Breton, votre noblesse a dormi; elle s'est réveillée au moment où vous avez cessé le négoce. Reprenez votre épée suspendue dans la salle des états pendant le *sommeil* de votre noblesse.

Vous étiez noble autrefois, la misère vous a contraint à devenir marchand en boutique, *c'est du petit commerce :* je suis fâché de vous le dire, *vous avez dérogé ;* il faut vous faire relever de cette déchéance, et ce n'est pas chose facile.

On avait, avant 1789, fait échevin de la ville de Lyon un honnête apothicaire retiré (on dirait aujourd'hui pharmacien); il comptait, de père en fils, deux cents ans dans la même boutique. Ce brave homme se vantait un jour de cette circonstance pour tâcher de coudre un peu d'ancienneté à sa nouvelle noblesse d'échevinage. On se moqua de lui[1].

Il faut, pour s'assurer si une famille est noble, bien connaître les règles qui régissaient chaque province avant la Révolution.

Ainsi, en Normandie, le titre de *Noble Homme* représentait le titre d'Écuyer; les bons bourgeois se contentaient du titre d'*Honorable Homme;* dans presque toutes les autres provinces de France le titre de *Noble Homme* était un titre bourgeois.

Le titre de Messire indiquait la noblesse prin-

1. On raconte que le comte de Laurencin, qui était présent, lui dit : *Apprenez, Monsieur, que l'on n'entre pas dans la noblesse par la porte de derrière.*

cipalement en Dauphiné, les Parlements le con-
sidéraient comme un titre de noblesse de premier ordre. (*Appendice* A).

Il existait pour la noblesse d'échevinage ou de
cloche[1] des règles particulières à chaque ville
pour obtenir et transmettre la noblesse.

Un magistrat se vantait beaucoup, sous la
Restauration, des fonctions exercées par son père
et son grand-père, qui avaient été *Conseillers
des traites foraines.* Ces charges ne conféraient
pas la noblesse[2], il se trompait grandement.

Les souverains, satisfaits de la fidélité des
villes pendant les troubles civils, avaient étendu
plus ou moins, suivant leurs mérites, les priviléges de l'échevinage.

Pour les provinces réunies au Royaume, comme
le Comtat, la Franche-Comté, la Lorraine, où les
femmes nobles transmettaient autrefois la noblesse à leurs enfants, la Savoie et le Comté
de Nice depuis six mois, il faut consulter les
lois qui ont régi ces provinces avant leur
réunion.

Souvent les priviléges accordés soit aux villes,
soit à l'exercice de certaines fonctions publi-
ques, ont été suspendus, rétablis, puis suppri-

1. On l'appelait noblesse de cloche, parce que la convocation
des échevins se faisait au son des cloches de l'hôtel de ville.

2. Une personne présente se permit de lui rappeler ce dicton
populaire : *Vous êtes noble comme une jambe de chien.*

més.tout à fait ; il convient donc de consulter les époques pour se fixer sur les droits des familles et ne pas commettre d'injustice.

On se tromperait si l'on pensait que la simple possession d'un fief ou même d'une terre titrée avant 1789 conférait la noblesse et le droit de porter le titre de la terre titrée, comme l'ancienne famille qui en était autrefois propriétaire, et dont les lettres d'érection avaient été enregistrées au Parlement. Il fallait de nouvelles lettres patentes enregistrées au Parlement et à la Chambre des Comptes.

Les charges dans les Sénéchaussées, les Présidiaux, les Bailliages, les Élections, (il faut en excepter le Châtelet de Paris, où la noblesse était transmissible à certaines conditions), ne conféraient pas la noblesse ; mais le Roi choisissait souvent dans ces différentes classes pour élever à la noblesse les hommes les plus distingués qui en faisaient partie.

Les professions de chirurgien, de médecin, d'avocat, de procureur, ne conféraient pas la noblesse ; ce fut un grand malheur, nous n'aurions peut-être pas eu, en 1793 et 1794, les Robespierre, les Fouquier-Tainville, les Marat, etc.

A quels excès, à quels crimes n'entraîne pas souvent l'amour-propre blessé ? Nous conseillons à tous les nobles nés sous l'empire de ces affreux démagogues, de faire rectifier par les tribunaux les actes de l'état civil qui les concernent ou ceux de leurs auteurs.

Nous serions même tenté de les engager à porter avec eux ces titres dans leurs voyages, s'ils ont quelque acte à passer par-devant des notaires éloignés de leur domicile, qui pourraient leur soulever des difficultés.

VI

On a vu précédemment combien de chemins divers conduisaient à la noblesse et combien aussi les commencements d'un grand nombre de familles nobles avaient été modestes.

On comprendra dès lors que la possession des grandes dignités devait à plus forte raison conférer la noblesse héréditaire.

Ainsi, les Maréchaux de France, les Lieutenants généraux des armées du Roi, les Maréchaux de camp, les Grand' Croix de l'ordre de Saint-Louis et du Mérite Militaire, les Chanceliers et garde des Sceaux de France, les Premiers Présidents des Cours souveraines et les titulaires de quelques autres grandes charges, transmettaient la noblesse à leur postérité.

Comme ils étaient presque tous nobles par eux-mêmes, l'application des règles de l'anoblissement ne pouvait être que très-rare à leur égard.

A Paris, les simples Présidents des Cours souveraines, les Conseillers et les Gens du Roi de ces Cours, après vingt années d'exercice, ou, s'ils mouraient revêtus de leurs charges, transmettaient la noblesse au premier degré. Chaque Cour se trouvait régie par des règles spéciales; il y en avait beaucoup où la condition de l'hérédité exigeait que le père et le fils eussent possédé une charge en Cour souveraine : *Patre et avo consulibus.*

Les magistrats ayant perdu leurs charges en 1790, il serait, ce nous semble, trop rigoureux de leur appliquer la règle des vingt années de services et la condition de la mort dans l'exercice de leurs fonctions. *A l'impossible nul n'est tenu;* il serait juste de les maintenir nobles.

VII

Il est bon de dire quelques mots des Couronnes et des Heaumes ou Casques.

Il n'y a que les Princes, les Ducs, les Marquis, les Comtes, les Vicomtes et les Barons qui puissent poser les couronnes de leur titre au-dessus de leurs armes, ce que l'on appelait autrefois *timbrer*.

Ils peuvent aussi placer sur leurs écussons des casques ou heaumes tous plus ou moins ouverts, suivant l'importance de leurs titres.

Mais les pauvres nouveaux anoblis, ils semblent avoir pleuré pour en avoir. C'est à peine si autrefois ils pouvaient y voir clair quand ils posaient sur leur tête les casques qu'ils avaient droit de porter, tant la visière en était petite. Les auteurs en donnent UNE RAISON SANS RÉPLIQUE, *c'est qu'ils sont nobles depuis trop peu de temps pour regarder ce qui se passe dans le monde.* Il est curieux de lire sur ce sujet, et nous le conseillons à nos lecteurs, l'extrait que nous donnons du célèbre ouvrage de Paillot sur cette matière: (*Appendice* B.)

Paillot, s'appuyant sur le P. Monet, donne une forte leçon aux usurpateurs de couronnes et de heaumes ; nous avons même supprimé une *impertinence* qu'il se permet, mais que l'on pourra lire dans l'auteur lui-même.

Cette leçon fut inutile, les abus et les usurpations continuèrent jusqu'en 1789.

Il en a été de même sous la Restauration et sous le gouvernement de Juillet ; l'amour-propre est de tous les temps.

VIII

Nous nous expliquerons en peu de mots sur la noblesse impériale.

Toutes les familles qui ont créé des majorats avec leurs biens propres, ou qui en ont reçu de la munificence de Napoléon Ier, sont nécessairement maintenues dans leurs titres. Les immeubles et rentes composant ces majorats ont été perdus par suite des événements de 1814. Il y a ici force majeure.

Le gouvernement de Napoléon III s'est réservé le droit incontestable d'examen des titres impériaux purement personnels, pour, après s'être assuré du rang honorable des familles, les confirmer ou leur défendre de continuer à les porter.

Sans nul doute, on doit se montrer favorable au maintien des titres accordés pour de belles actions à des hommes qui ont rendu leur nom célèbre et illustré leur famille.

Il en doit être des titres impériaux comme des titres personnels accordés sous la Restauration et le gouvernement de Juillet à des personnes non nobles, et dont le maintien ne doit avoir lieu qu'après un examen sérieux de la dignité et de la bonne réputation des familles.

Le mode de transmission doit être réglé de la même manière pour la noblesse impériale, la noblesse de la Restauration et pour celle de Louis-Philippe ; il convient qu'une seule et même règle régisse toute la noblesse, quelle que soit sa date.

IX

Avant 1789, la particule *de* ne prouvait, pas plus qu'à présent, qu'une famille appartînt à la noblesse; il y a longtemps que l'on s'est moqué de ceux qui ajoutaient à leur nom le célèbre *de*[1].

En France il y a des gens de tous états et de toutes conditions dont le nom de famille se trouve précédé du *de* depuis des siècles. Ainsi, nous connaissons des gens de campagne, de simples ouvriers qui se nomment de Lépine, de La Roche, de La Rose.

Quand le nom ne comporte pas le *de* dans sa composition, il est ridicule de l'ajouter.

Le *de*, en effet, suppose la possession de quelque chose, de quelque terre ou une origine de naissance dans quelque village, comme : de Saint-Etienne, de Saint-Mandé, de Franqueville.

On ne peut être *de* de soi-même et de sa propre personne.

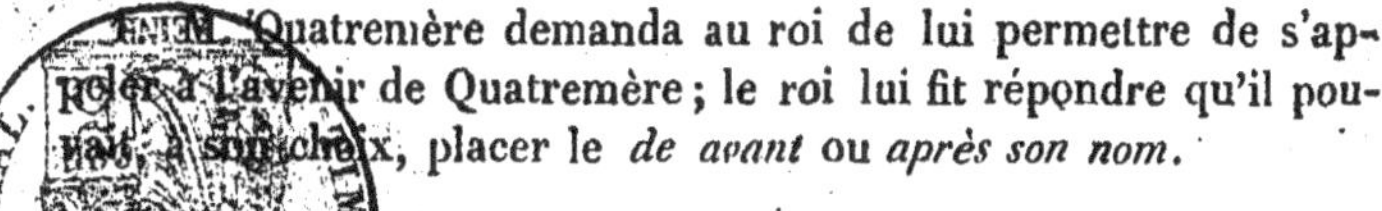

[1] M. Quatremère demanda au roi de lui permettre de s'ap-peler à l'avenir de Quatremère; le roi lui fit répondre qu'il pou-vait, à son choix, placer le *de avant* ou *après son nom*.

On n'a jamais dit : de Séguier, de Molé, de Bignon, de Brisson , de Briçonnet. Nous lisons dans Paillot, page 371 : « Les nobles et les roturiers sont si simples qu'ils croient se rehausser en ajoutant devant les surnoms de leurs maisons qui n'ont pas de juridiction la diction *de, du* ou *des*, en quoi *ils se trompent lourdement*, parce que cette diction *de, du* ou *des* emporte toujours avec elle un titre de juridiction, laquelle doit être sous le nom de la maison et de la famille. Ainsi, on ne se doit pas attribuer cette diction, *car pour ne la pas porter on n'est pas moins gentilhomme*, puisqu'il y a *de grandes maisons qui n'en ont point eu à leurs surnoms*, et ceux qui mettent cette diction devant leurs surnoms sans avoir juridiction de ce nom-là, s'ils sont roturiers, *ils sont soupçonnés de déguiser leur nom en quelque façon;* s'ils sont nobles, *ils se font tort et à leurs descendants.* Pour vérifier leur généalogie parceque voyant par les contrats de mariage, les testaments, partages et autres titres que leurs prédécesseurs n'avaient pas ajouté (étant mieux avisés) ces dictions desquelles ils se servent, ils donnent sujet de croire, et aux personnes et aux commissaires, qu'ils ne sont pas descendus de ceux qui ne s'en servaient pas en leurs surnoms, d'autant que la *moindre diversité de noms et d'armes* constitue *différentes* familles n'ayant que les brisures qui diffèrent ainsi les cadets des aînés, et les charges qui se donnent par les souverains pour récompense de quelque action généreuse ou vertueuse, que *si leurs ancêtres se sont servis de ces dictions ils sont obligés de* CONTINUER, pour faire voir qu'ils sont véritablement issus d'eux et de leur famille. »

X

Occupons-nous maintenant des changements et des additions de noms.

Il y a véritablement recrudescence de fièvre à cet égard aujourd'hui ; qu'on lise le *Moniteur* de chaque jour on en sera convaincu. On m'a assuré qu'un homme de beaucoup d'esprit avait répondu à un solliciteur qui lui demandait de changer son nom pour en prendre un plus ronflant : *Rendez, monsieur, votre propre nom célèbre.*

Vous vous appelez Lannes, devenez Montebello ; Oudinot, Reggio ; Soult, Dalmatie ; Pélissier, Malakoff.

Dans les lettres, devenez célèbres comme Racine, Molière, Corneille.

Dans la robe, comme les illustres magistrats que nous avons cités plus haut.

Que si vous vous portez un nom ayant par exemple *mauvaise odeur* (on en a vu des exemples) ou une fâcheuse signification, changez ce nom et le plus tôt possible, c'est tout simple, on vous viendra en aide ; c'est pour vous une nécessité et un devoir de ne pas laisser un semblable héritage à vos enfants [1].

Quant à l'addition d'un nom, s'il est prouvé par l'acte de naissance de l'aïeul que ce nom lui a appartenu, le petit-fils, *si cette possession a continué*, a le droit de s'en prévaloir.

Il faut bien poser une limite aux recherches dans le passé et assurer le repos des familles. En ce qui concerne des noms à ajouter au nom que l'on porte depuis des siècles, pourquoi le gouvernement se prêterait-il à cet enfantillage ?

S'il est question d'un nom imposé par de bons parents à succession dans un testament, cette position exceptionnelle est plus favorable ; il y a lieu à un sérieux examen ; on peut trouver dans cette circonstance un véritable intérêt ; dans tous

1. Vous êtes ecclésiastique, vous demandez à changer votre nom en y intercalant la lettre I, vous vous appellerez Merida. J'approuve ce changement. (Voir le *Moniteur* du 1er décembre 1860.)

Déjà une personne dans la même position avait obtenu un résultat analogue, non par l'addition, mais par le retranchement d'une lettre : elle s'est fait appeler Méda.

les cas qu'il ne soit jamais permis de prendre le nom de familles dont il existe encore des membres vivants.

Que la disposition du Code qui autorise l'adopté à ajouter à son nom propre le nom de l'adoptant ne s'applique jamais quand il reste encore d'autres branches portant le même nom, à moins que le consentement de toute la famille n'intervienne.

Que les noms des familles illustres éteintes soient toujours respectés, ils appartiennent à l'histoire, la nouvelle famille pourrait les déshonorer.

Je ne voudrais pas voir les noms de Catinat, de Faber, de Châtillon, de Bossuet, glorieusement éteints, reparaître au risque de figurer plus tard à la police correctionnelle ou même aux assises.

Convient-il que le premier venu, à l'aide d'un nom illustre dans l'histoire de France, trompe le public ignorant (et c'est en cette matière la masse du public) et vienne prendre une place laissée vide par l'extinction des grandes familles, dont la disparition accroît et profite à celles qui existent encore et qui ont résisté comme par miracle à toutes les révolutions?

Il y a eu malheureusement des tentatives de ce genre et qui ont réussi; on se dit tout bas *ils n'en sont pas*, mais la masse du peuple l'ignore.

Il faut convenir que c'est un puissant motif

d'encouragement pour les usurpateurs; la résistance de la Chancellerie et de la commission
du Sceau doit être des plus énergiques *et la mé-
fiance encore plus grande*, car il n'y a pas en
cette matière de tromperies de tout genre que
l'on n'emploie.

Il est si agréable et si profitable en même
temps, pécuniairement parlant, de pouvoir tout
à coup se dire descendant des plus grandes maisons, d'en usurper le rang et l'illustration et de
contracter de belles et fructueuses alliances!

XI

Voici donc tous les nobles de France anciens
et nouveaux bien reconnus, bien enregistrés,
tous honorablement titrés, à l'abri de toute pour-
suite.

Convient-il de fermer la porte à l'avenir et de
ne plus donner de titres?

La forme de notre gouvernement pourrait-elle
se passer de noblesse sans inconvénient?

N'y aurait-il plus qu'à créer à des intervalles
très-grands des ducs de Malakoff et de Magenta?

S'il en était ainsi, il arriverait que dans deux cents ans on se mettrait aux fenêtres pour voir passer un gentilhomme.

Mais qu'on ne s'y trompe pas, il n'en arrivera pas ainsi dans un pays continental comme la France, où une grande armée est nécessaire pour la conservation de ses frontières et la défense du territoire ; avec des généraux et de nombreux officiers, il y aura toujours des nobles : l'épée ennoblit.

Ce qu'il y a donc de mieux à faire, c'est d'accorder des titres et des récompenses à de braves militaires couverts de blessures et de lauriers, en usant avec prudence et discrétion de ce moyen puissant de récompense et d'encouragement.

Le Conseil du sceau se montre sévère dans la reconnaissance des titres concédés par les souverains étrangers : beaucoup sont ridicules, rarement ils sont accordés pour de véritables services. Nous ne saurions faire un reproche au Gouvernement d'avoir voulu couper court à un abus qui, en menaçant de se généraliser, aurait fini par enlever au chef de l'Etat une de ses plus précieuses prérogatives.

Nous n'avons fait que reproduire quelques principes qui doivent diriger dans l'appréciation des droits à la qualité de noble ; les cas divers sont infinis ; ainsi trois degrés d'officiers ou de chevaliers de Saint-Louis donnaient la noblesse héréditaire.

Au surplus, si le principe que toute famille qui justifie de la prise d'un titre de noblesse, quelque minime qu'il soit, dans un acte authentique avant 1789 prévaut, beaucoup des règles anciennes tombent, il n'y a plus à consulter que ces actes. Les listés des nobles convoqués pour nommer des députés aux états généraux peuvent aider puissamment pour faire connaître la noblesse, celle surtout qui avait le plus d'importance par la possession des fiefs. Les nobles, à cette époque, passèrent par le creuset; on fut sévère.

XII

J'ai beaucoup connu votre respectable père à Vichy, où nous avons passé deux saisons; nous faisions ensemble de longues promenades; il est mort peu de temps après. Je l'ai beaucoup regretté. Il vous laissait à peine âgé de dix ans. Il avait acquis une immense fortune dans le commerce et de la manière la plus honorable.

M. Simon me disait souvent, en vous voyant

jouer dans les belles allées du parc de Vichy :
« Je suis très-infirme, ma santé est délabrée; je
crains bien de ne pouvoir élever cet enfant et le
diriger quand il entrera dans le monde. Je n'ai
que lui, ma femme étant morte peu après sa
naissance. Mon frère sera son tuteur, mais il
n'aura jamais sur lui l'autorité d'un père. Que
de dangers environnent dans le monde un jeune
homme qui y entre à vingt et un ans avec plus
de deux cent mille livres de rente !

« Rendez-moi le service, me disait-il, et promet-
tez-moi de lui donner alors de bons conseils ; il
les écoutera de la part d'un homme tel que vous. »
Je viens aujourd'hui accomplir cette mission.
Vous avez vingt-cinq ans ; votre conduite a toujours été excellente, j'aime à vous rendre cette
justice ; vous avez tout ce qu'on peut désirer : une
belle taille, une figure agréable. Ces avantages
ne sont pas indifférents dans le monde. Votre
femme est douce et jolie ; elle vous a rendu père
d'une petite fille très-gentille ; que pouvez-vous
désirer? Cependant vous n'êtes pas heureux ;
vous croyez qu'il vous manque quelque chose !
Le nom que vous portez et que votre père a
porté si honorablement vous pèse. Vous vous
désespérez de vous appeler *Simon* tout court ;
vous avez la fureur d'être noble et de porter un
titre. On lit tout nouvellement sur vos cartes de
visite : *le baron de Simon.* Vous n'osez pas en-

core à la vérité prendre de titre dans vos actes ;
vous craignez d'être inquiété, car aujourd'hui
on est sévère : on inflige des peines aux usurpateurs des titres de noblesse.

Je vous préviens que l'on rit de votre titre
nouveau. Je vous conseille de le quitter tout de
suite.

Mais que vois-je à la boutonnière de votre ha-
bit ? Quoi ! une *brochette* de décorations, quatre
au moins ! Où avez-vous donc acheté ces brelo-
ques ? de quelques petits princes d'Allemagne ?
Combien cela vous a-t-il coûté, ce n'est pas cher ?
J'en vois une que l'on prétend pouvoir acquérir
pour cent écus, et si l'on ajoute encore cent
francs on l'a dit on pour soi et pour son domes-
tique.

Resserrez bien vite ces mauvaises décorations
et rendez-vous digne de la croix d'honneur ; on
l'achète aussi, mais par des services rendus à la
patrie et de belles actions ; je vous indiquerai la
manière assurée de l'obtenir un jour.

En attendant, usez honorablement de votre
grande fortune, ayez de beaux chevaux, de
belles voitures, des gens bien habillés, mais
point d'*armoiries sur votre voiture*, *point de
couronnes*, *pas de casques*.

Cependant si, en 1700, sous le règne de
Louis XIV et lorsque ce prince aux abois accor-
dait, *moyennant finance*, des armoiries à tous

ceux qui 'en demandaient, il est possible que votre arrière grand-père, bon bourgeois de Paris, ait payé une somme assez ronde 'à cette époque pour en avoir. Dans ce cas, placez-les sur votre voiture sur un simple *cartouche*, mais sans *couronne* ou *casque*, *et point de supports*.

Soyez généreux envers les malheureux ; il y a tant de souffrances à soulager. Associez-vous à toutes les bonnes œuvres, vous y ferez connaissance avec de grands noms, chez lesquels la charité coule de source ; ils vous accueilleront à bras ouverts ; plus ils seront grands et mieux ils vous traiteront ; la grande naissance exclut la fierté.

Votre nom sera béni et ne tardera pas à être connu et honoré.

Vous recevrez des plus grandes dames du faubourg Saint-Germain de petits billets écrits de leur main blanche et commençant par ces mots : *Chargée, Monsieur....*

Vous comprendrez tout de suite ce que cela veut dire ; vous en serez accablé, je puis vous en assurer, *il y a tant de concurrence à présent en toutes choses !*

Que votre réponse soit toujours accompagnée d'une pièce d'or de 40 francs.

Ce n'est qu'une affaire de quatre mille francs dans votre hiver, car vous pouvez compter sur cent lettres de ce genre ; c'est peu de dépenses pour vous, et des œuvres utiles et pieuses à se-courir. Ayez une bonne table à Paris et dans votre beau château à la campagne, vous rece-vrez tous ceux que vos relations de charité vous auront fait connaître ; vous verrez les plus grands seigneurs à votre table, ils viendront chez vous avec plaisir, en vous estimant du moins, *car il leur arrive souvent d'aller chez des gens très-riches qu'ils n'estiment pas*, mais dont la table est splendide.

Vous finirez peut-être par donner des bals. Vous aurez alors une détermination *difficile*, *très-difficile* à prendre ; il vous faudra renoncer aux amis de votre père, qui en seront courrou-cés ; si plus tard vous étiez forcé de revenir vers eux, ils ne vous rouvriraient peut-être plus leurs rangs, si vous prenez ce parti. Mais il faut bien réfléchir auparavant. Une belle dame du fau-bourg Saint-Germain fera votre liste ; surtout ne vous en écartez pas ; *pas de figures, pas de mélange.*

Soyez la providence de votre village, de votre canton et de votre arrondissement ; que l'on vous trouve toujours disposé à aider de votre bourse pour un pont, une route, les réparations des églises, les associations agricoles....

Vous serez récompensé ; vos concitoyens re-connaissants vous nommeront du conseil général ; votre préfet, que vous aurez secondé, vous appuiera.

Après d'aussi bons services, vous verrez luire la croix d'honneur à votre boutonnière, qui remplacera avantageusement vos anciennes décorations.

Vous portez un nom qui fut jadis cher aux Athéniens ; imitez votre homonyme, habillez comme lui les pauvres ; nourrissez-les ; placez-leur furtivement de la bonne monnaie dans la main ; ils vous auront bientôt reconnu, vous serez béni de tous.

N'allez pas cependant comme lui abattre les murs de vos potagers, de vos vastes vergers pour faciliter à tout le monde la récolte de vos fruits, ou pour mieux dire, le pillage ; aujourd'hui on se moquerait de vous ; on verrait là une affectation de popularité déplacée, car il faut faire le bien avec prudence et discrétion, et même, qui le croirait, se le faire pardonner.

Quand votre fille unique sera en âge d'être mariée, vous aurez un choix difficile à faire ; il se présentera de grands seigneurs quelquefois un peu endettés. Votre fille désirera entrer dans une noble famille, il y en a tant d'exemples, surtout depuis peu. Le temps est passé où l'on osait dire c'est *du fumier pour fumer les terres de la noblesse*. Il n'y a plus à essuyer un ancien reproche. *Madame, vous m'avez fermé la porte de l'ordre de Malte, et moi, Monsieur, la porte de l'hôpital.* Tout cela n'est plus de notre siècle; de tels hommes épouseraient les plus grandes demoiselles qu'ils les rendraient malheureuses; mais vous pouvez facilement tomber sur un brave garçon, qui sera toujours bien pour vous, et ils sont nombreux aujourd'hui.

Voici, Monsieur, de bons conseils que je vous supplie, au nom de votre père, de ne pas manquer de suivre.

XIII

Napoléon Ier, en créant une nouvelle noblesse, avait compris qu'il convenait à l'éclat et à la conservation de cette grande institution, de joindre aux titres qu'il venait d'accorder à ses braves compagnons d'armes, des dotations héréditaires pour en soutenir l'éclat; de là la création des majorats. L'Empereur Napoléon en a donné en Italie, en Allemagne, sur les biens conquis. Ces majorats devaient, dans un temps donné, être vendus et remplacés en domaines territoriaux situés en France.

1815 a renversé cette combinaison, qui aurait

conservé quelques grandes propriétés dans notre pays.

Nous avons vu fonctionner cette institution, ne présentant, quoi qu'on en ait pu dire, aucun caractère féodal, pas plus que les substitutions ordinaires, depuis l'empereur Auguste jusqu'en 1789.

Se plaignait-on des majorats en 1812, 1813, 1814 ? *Nullement.*

Nous convenons qu'un trop grand nombre de majorats présenterait de graves inconvénients en paralysant le mouvement des transactions sur les propriétés et en centralisant les terres dans un petit nombre de mains.

Mais quelques majorats, destinés à soutenir des noms illustres, anciens et nouveaux, *sagement répartis* sur la vaste étendue du territoire français, ne pourraient nuire aux intérêts de la nation et de l'agriculture. Ainsi, à côté des hommes ayant bien mérité de la patrie par de grands services, pourraient aussi se placer quelques grands propriétaires riches, qui seraient autorisés à en fonder, mais en terre seulement et non en rentes, dont la présence dans le Sénat et dans le Corps législatif ne serait pas déplacée.

Je ne veux rien d'excessif, je crois qu'il convient, surtout en cette matière, de ne rien faire qu'avec prudence et réserve.

Quand on a vécu comme nous sous l'empire de Napoléon Ier, *on ne comprend pas* comment des majorats, quand ils ne sont pas trop nombreux, pourraient présenter des inconvénients ; ils contribueraient au contraire puissamment à l'éclat du trône.

Les sénatus-consultes et les décrets qui ont rétabli l'institution des majorats, ont été rendus au milieu des préjugés révolutionnaires, encore très-vifs et très-animés à cette époque ; il n'en est plus de même aujourd'hui.

Ce serait au Sénat que le rétablissement d'une telle institution devrait être confié, car il s'agirait ici d'une institution nécessaire *à la marche de la Constitution*, placée naturellement dans sa compétence et ne se trouvant en aucune façon contraire aux principes proclamés par l'Empereur dans la déclaration du 3 décembre 1852.

Il nous semble que le moment est arrivé, après de grandes victoires, au milieu du calme et de la paix, de s'occuper d'une mesure conséquence nécessaire du rétablissement de l'Empire et d'une noblesse héréditaire.

Nous ajouterons que pour perpétuer les grandes et illustres maisons, il convient encore aujourd'hui, car les grands noms rappellent les faits mémorables de l'histoire de France, de favoriser un ancien usage. Quand une de ces familles se voyait menacée d'extinction, elle faisait venir du fond de la province un petit *rejeton de leur race bien authentique, bien véritablement de leur nom*, resté obscur, ignoré au fond de son castel, pauvre comme Job. Arrivé à Paris, on l'élevait à l'ombre de la grande maison ; on lui faisait donner une bonne éducation, on le plaçait au service ; il épousait une fille riche, et plus tard on obtenait du Roi, soit pour lui-même, soit plus certainement pour son fils, la concession d'un beau titre ; la branche aînée éteinte, la cadette prenait sa place et son rang.

Je termine ici ces courtes réflexions sur la noblesse française, et je crois avoir appelé son attention sur la plupart des questions qui l'intéressent.

FIN.

APPENDICE A.

JOURNAL DES AUDIENCES, t. II, p. 540, ch. XXVIII.

RÈGLEMENT SUR LES QUALITÉS DE MESSIRE, CHEVALIER ET ÉCUYER.

Le lundi 13 août 1663, en l'audience de la grande chambre au rôle d'Angoumois, l'arrêt a été rendu au sujet que le sieur Denezeau, gentilhomme d'Angoumois, avait pris la qualité de *messire* et de *chevalier*, par un aveu qu'il avait donné et rendu à M. le duc de La Rochefoucauld, son seigneur suzerain, lequel avait blâmé cet aveu et avait fait appeler le sieur Denezeau par-devant les présidiaux d'Angoulême sur les conclusions du substitut de M. le procureur général. Les premiers juges avaient fait défense à tous gentilshommes qui n'avaient aucun titre, de prendre les qualités de messire et de chevalier, ni porter armes avec couronnes; de laquelle sentence le sieur Denezeau avait interpellé appel et fait intimer M. de La Rochefoucauld et le substitut en son nom.

Montholon plaidait pour l'appelant, qui alléguait titre et possession. Son titre était les lettres d'érection de sa terre en châtellenie, par lesquelles il était qualifié messire et chevalier ;

Langlois, pour M. le duc de La Rochefoucauld. M. Bignon, avocat général, représenta que cette qualité de messire et de chevalier avait été insérée par *obreption* dans les lettres que produisait l'appelant ; qu'à l'égard de la possession, c'était plutôt une usurpation qu'une possession légitime, et ainsi qu'il était obligé de prendre le fait et cause du substitut, lequel avait été intimé. Voici la teneur de l'arrêt :

EXTRAIT DES REGISTRES DU PARLEMENT.

Entre François de Denezeau, écuyer, sieur de Laage et de Chasneuil, appelant de la sentence donnée par le sénéchal d'Angoumois ou son lieutenant le 16 février 1663, par laquelle avant de faire droit sur la fin de non-recevoir et appel interjeté par ledit appelant de la sentence donnée par le juge du duché-pairie de La Rochefoucauld à la diligence d'icelui appelant le fermier de ladite terre, serait appelé et faisant droit sur les conclusions incidentes de l'intimé, ordonne que les qualités de messire et de chevalier prises par l'appelant seront rayées *et sera seulement appelé écuyer*, sans qu'il puisse porter dans ses armes aucune couronne comtale, et ordonne qu'elle sera effacée des lieux où il se trouvera l'avoir fait empreindre, d'une part, et messire François, duc de La Rochefoucauld, pair de France, intimé d'autre ;

Après que Montholon, pour l'appelant, a conclu en son appel, et que Langlois, pour ledit de La Rochefoucauld, a été ouï ensemble, Bignon, pour le procureur général du Roi, qui a demandé acte de ce qu'il prenait le fait et cause pour son substitut et requérait la sentence être confirmée ;

La Cour, sur l'appel, a mis et met les parties hors de cour et de procès sans dépens, condamne néanmoins l'appelant à l'amende de douze livres envers le Roi et faisant droit sur les conclusions du procureur général du Roi, fait défense *à tous propriétaires* de terres, de se qualifier : baron, comte ou marquis, et d'en prendre les couronnes à leurs armes, *sinon en vertu de lettres patentes bien et dûment vérifiées en la cour;*

A tous gentilshommes de prendre la qualité de messires et de chevaliers, sinon en vertu *de bons et légitimes titres*, et à ceux qui ne sont pas gentilshommes, de prendre qualité d'écuyer, ni de timbrer leurs armes, le tout à peine de 1500 livres d'amende, applicable, le tiers, aux pauvres de cette ville de Paris, le tiers au dénonciateur, et l'autre tiers aux pauvres des lieux.

Fait en Parlement, le 13 août 1663.

APPENDICE B.

« Les couronnes, dit cet auteur[1], ne sont pas tant à présent des marques d'ancienne noblesse, que des dignités et titres des terres qui sont possédées par les particuliers, d'autant que personne n'a droit de porter ses armes timbrées de couronnes par sa naissance, dit M. Faure, que les fils aînés des empereurs, rois, princes, souverains ains seulement par les terres et États qu'elle possède, qui lui donnent cet honneur, non personnel, mais réel, parce qu'elle tient de la chose qu'elle possède et non pas de sa personne et de sa naissance. Un marquis ou un comte a droit de porter une couronne non pas pour être ancien gentilhomme, mais parce qu'il est marquis, parce qu'il est comte. De là il s'ensuit que les couronnes ne sont pas toujours des preuves d'ancienne noblesse, puisque l'on voit ordinairement en ce temps nombre de marquis, de comtes et de barons qui, en noblesse, sont les premiers de leur race et qui ont eu ces titres *par le nombre d'or.*

« Outre ceux qui usurpent et affectent ces titres sans avoir ni marquisat, ni comté, ni baronnie, tant l'abus et le désordre règnent, ce qui ne se pratiquait anciennement, car outre que l'on n'osait se qualifier de ces titres que par la pos-

1. Page 207.

session des terres qui en étaient décorées, il fallait, pour être marquis, trois comtés; pour être comte, trois baronnies, et pour être baron trois châtellenies et trois maladreries, et pour lors, les couronnes étaient les marques d'ancienne noblesse, aussi bien que des titres, des terres que l'on possédait. »

Voilà pour les couronnes; voici maintenant pour les heaumes ou casques, autre ornement des armoiries; le même auteur, page 369, s'exprime ainsi :

« Les empereurs et les rois le portent tout d'or et damasquiné, taré de fond, la visière entièrement ouverte, sans aucune grille ou barreau.

« Les princes et ducs non souverains, les connétables, amiraux, généraux d'armées, maréchaux, gouverneurs de provinces, chanceliers et autres grands seigneurs qui ont des charges relevées, le doivent porter d'argent, la visière œillère nasale et ventaille bordure et clouds d'or, taré de front et à neuf grilles ou barreaux, qui est le dernier nombre impair.

« Les marquis le portent tout d'argent à sept barreaux taré de front; les comtes, vidammes et vicomtes; les premiers présidents, gardes des sceaux, colonels et maîtres de camp, pourvu qu'ils soient gentilshommes, le portent tout d'argent taré des deux tiers montrant sept barreaux.

« Les barons et les anciens gentilshommes chevaliers qui ont justice haute ou qui ont eu des emplois militaires ou ont été employés par le prince en quelques ambassades ou négociations importantes le portent d'argent bruni, ne le tarent pas de front mais seulement de côté, montrant les deux tiers de la visière et à cinq barreaux. *Pour les cinq sens de nature*, les premiers présidents non nobles le doivent porter ainsi.

« Les anciens gentilshommes qui n'ont pas haute justice et les gentilshommes des trois races paternelles et maternelles doivent le porter d'acier poli, posé et taré en profil, la visière ouverte, le nasal relevé, le ventail abaissé, montrant trois grilles à la visière. »

Bientôt il ne sera plus possible, si cela continue, de voir clair le heaume en tête; c'est ce qui devait arriver pour les simples écuyers, car ceux-ci « ne le doivent porter que de fer posé de profil et morné, dit le P. Monet, c'est-à-dire clos et fermé; le *nasal* qui est le dessus et le ventaille qui est le dessous joints sans aucune visière et néanmoins *un peu entr'ouvert, disent quelques-uns.*

« Les nouveaux anoblis, soit par armes, par office ou par finances, comme les premiers de leur race, ils ne doivent pas seulement porter de même que les écuyers, de côté. »

Ici l'auteur en donne *la véritable raison; elle est sans réplique.*

« Car c'est ainsi que l'on représentait autrefois en profil Annibal pour couvrir la défectuosité de son œil : *et statua meditatur prelia lusca.* Mais aussi la visière close et abattue pour montrer qu'ils n'ont rien à voir sur les actions d'autrui ni rien à commander, *ains à obéir avec silence,* ayant la bouche close aussi bien que les yeux.

« Voilà, dit le sieur Faure, l'ordre qui doit être observé pour les heaumes, que si l'usage fait voir le contraire *c'est par abus,* et que les officiers d'armes et héraults n'y surveillent pas, soit par négligence, ignorance ou complaisance, souffrant qu'il soit pris indifféremment par toutes sortes de personnes sans naissance qui sortent de la poussière. . . .

« Ils le mettent le plus souvent dé front, le posent et taillent en pierre à plus de demi-relief avec autant de vues que ceux des princes; le ciseau d'une commission extraordinaire *biffera et rasera* quelque jour LES BOSSES des murailles remplies de telles armes prises par droit présomptif et mal fondé étant leurs archives vides de vieilles chartres et titres authentiques et ensuite punis par la bourse pour avoir usurpé les plus belles marques des gentilshommes qu'eux ou leurs prédécesseurs se sont acquises par leurs générosités et par leurs services au milieu des alarmes et des combats; ce qui fait que la noblesse voyant ce désordre en commit un autre en quittant les *heaumes,* prenant souvent sans aucun droit des couronnes. Les simples gentilshommes posant sur leurs écus pour en timbrer leurs armes les couronnes des barons ou des vicomtes, les barons et les vicomtes celles des comtes, les comtes celles des marquis, et si le désordre continue l'on verra à la fin les marquis prendre celles des ducs, les ducs celles des souverains. Si les mêmes souverains ne mettent ordre à ces abus *et ne rétablissent les choses dans leurs principes,* et tous ceux qui s'attribuent soit les heaumes, soit les couronnes *d'autres façons qu'ils ne les doivent porter se font tort*, parce que pour usurper ces marques d'honneurs et de dignités ils n'en sont pas plutôt estimés, ni nobles, ni gentilshommes, ni barons, comtes ou marquis ; mais, au contraire, ils s'exposent au mépris, à la censure et au danger de se voir condamner à rompre leurs armes et à *payer l'amende* pour leur injuste usurpation ; ainsi François Besnard, avocat, fut condamné, par arrêt du parlement de Bourgogne du 4 janvier 1655, à faire biffer une cordellière qu'il avait fait mettre autour des armes de Benigne de Vilmereux, sa femme, gravées sur son tombeau et à cinq cents livres d'amende applicable *à la reparation du palais*, et par le même arrêt la cour fit très-expresses inhibitions et défenses à toutes personnes qui ne sont nobles de naissance ou qui n'ont obtenu du Roi lettres de noblesse *dûment vérifiées* et ne sont constituées en office et charges qui les anoblissent de prendre la qualité de noble et d'écuyer, ni entreprendre de timbrer leurs armes sur les peines portées par les ordonnances aux gentilshommes qui n'ont leurs terres érigées en marquisats, comtés, vicomtés et baronnies, de prendre qualité de messire et couronner leurs armes à même peine ; à tous notaires, procureurs et autres ministres de justice de leur donner lesdites qualités, en aucuns contrats, actes, inventaires, requêtes, écritures et autrement à peine de cinquante livres d'amende payable sans déport, ledit arrêt publié à l'audience et envoyé par tous les bailliages.

« Cet arrêt a été précédé d'un autre rendu en ladite cour toutes les chambres assemblées, le 26 février 1625, et pu-

publié en l'audience le dernier dudit mois, par lequel est fait aussi inhibitions et défenses à tous gentilshommes de prendre qualité de messire et à *leurs femmes celle de dames* s'ils n'ont et possèdent des terres à titres de marquisats, comtés, vicomtés ou baronnies anciennes, comme encore de prendre la qualité de chevalier ni orner l'écusson de leurs armes des marques de chevalerie s'ils ne sont chevaliers en effet et obtenu lettres de Sa Majesté, *selon qu'il est accoutumé de tout temps et ancienneté*; à toutes personnes de se dire gentilshommes ou écuyers, porter armes timbrées, soit en public ou en particulier, s'ils ne sont issus de noble race ou ayant acquis cette qualité par les voies introduites par les lois, édits et ordonnances, ou qu'ils soient anoblis par lettres patentes de Sa Majesté dûment vérifiées, selon qu'il est accoutumé de tout temps. Si ces arrêts et les ordonnances étaient ponctuellement observés il ne se verrait pas tant d'usurpateurs. »

FIN DES APPENDICES.

Paris. — Imprimerie de Ch. Lahure et C°, rue de Fleurus, 9.